BOXER AND BRANDON
BOXER UND BRANDON
AF326753

First edition, 2016
Translated from English by Tess Parthum
Aus dem Englischen übersetzt von Tess Parthum

Boxer and Brandon (German Bilingual Edition)
ISBN: 978-1-77268-861-0 paperback
ISBN: 978-1-77268-862-7 hardcover
ISBN: 978-1-77268-860-3 eBook

Inna Nusinsky

Illustrations by Gillian Tolentino
Illustrationen von Gillian Tolentino

Hello, my name is Boxer. I'm a boxer. I'm a type of dog called a boxer. Nice to meet you! This is the story of how I got my new family.

Hallo, ich heiße Boxer. Ich bin ein Boxer. Ich gehöre zu einer Hunderasse, die sich Boxer nennt. Es freut mich, dich kennenzulernen! Diese Geschichte erzählt, wie ich zu meiner neuen Familie kam.

It all started when I was two years old.

Alles begann, als ich 2 Jahre alt war.

I was homeless. I lived on the street and ate out of garbage cans. People got pretty mad at me when I knocked over their trash cans.

Ich hatte kein Zuhause. Ich lebte auf der Straße und fraß aus Mülltonnen. Die Menschen wurden ziemlich wütend auf mich, wenn ich ihre Mülltonnen umwarf.

"Get out of here!" they would shout. Sometimes I had to run away really fast!

„Verschwinde von hier!", schrien sie. Manchmal musste ich sehr schnell wegrennen!

Living in the city can be hard.

Das Leben in der Stadt kann hart sein.

When I wasn't looking for food, I liked to sit and watch people walk by on the sidewalk.

Wenn ich nicht gerade auf Futtersuche war, saß ich gern da und beobachtete die Menschen, die auf dem Gehweg vorbeikamen.

Sometimes, I would look at people with my sad eyes and they would give me food.

Manchmal sah ich die Leute mit meinen traurigen Augen an und sie gaben mir Futter.

"Oh, what a cute doggy! Here, have a snack," they would say.

„Oh, was für ein süßes Hündchen! Hier hast du einen Snack", sagten sie.

One day, a little boy and his dad were walking toward me.
Eines Tages kamen ein kleiner Junge und sein Vater auf mich zu.

"How's that jelly sandwich, Brandon?" asked the boy's dad.

„Wie ist das Marmeladensandwich, Brandon?", fragte der Papa des Jungen.

The sandwich looked really good!
Das Sandwich sah wirklich gut aus!
I put on my sad eyes. The boy stopped and held out his sandwich. I was just about to take a bite, when...
Ich setzte meinen traurigen Blick auf. Der Junge blieb stehen und hielt mir sein Sandwich hin. Ich wollte gerade einen Bissen nehmen, als...

"Brandon, don't feed that dog! He'll just come looking for more," exclaimed his dad. Brandon pulled the sandwich back.

„Brandon, füttere diesen Hund nicht! Er wird nur noch mehr haben wollen", rief sein Papa. Brandon zog das Sandwich weg.

So close—I could smell the peanut butter! Parents never want to share with me!

So nah—ich konnte die Butter riechen! Eltern wollen niemals mit mir teilen!

I whined as pitifully as I could as they walked away.

Ich winselte so jämmerlich ich konnte, als sie fortgingen.

After that, I decided to take a nap. I was having a wonderful dream.

Danach beschloss ich, ein Nickerchen zu machen. Ich hatte gerade einen wunderschönen Traum.

I was in a park and everything was made from meat! The trees were steaks! It was the best dream ever.

Ich war in einem Park und alles bestand aus Fleisch! Die Bäume waren Steaks! Es war der beste JTraum, den ich jemals hatte.

Something woke me up, though. Right in front of me was a piece of a sandwich! I jumped to my feet and gobbled it down.

Allerdings weckte mich etwas auf. Direkt vor mir lag ein Stück Sandwich! Ich sprang auf meine Pfoten und schlang es hinunter.

Mmmmm! It was so good! Just like my dream.

Mhmmm! Es war so gut! Genau wie in meinem Traum.

"Shhh," said Brandon. "Don't tell Dad." *What a nice little boy*, I thought to myself.

„Schh", sagte Brandon. „Erzähl es nicht Papa." Was für ein netter kleiner Junge, dachte ich mir.

Day after day, Brandon would come visit me and give me a snack. Then, one day...

Tag für Tag kam Brandon mich besuchen und gab mir einen Snack. Eines Tages dann...

"Hurry up, Brandon. You'll be late for school," said Brandon's dad.

„Beeil dich, Brandon. Du wirst zu spät zur Schule kommen", sagte Brandons Papa.

"I'm coming!" shouted Brandon as he ran past, dropping a brown bag on the sidewalk.

„Ich komme!", schrie Brandon. Im Vorbeirennen fiel ihm eine braune Tüte auf den Gehweg.

Sniffing around, I walked up to it and looked inside. It was full of food!

Ich schnüffelte, lief hin und schaute hinein. Sie war voller Essen!

I was just about to eat it all when I thought of something. *Brandon always brings me food when I'm hungry. If I eat his food, then he'll be hungry.*

Ich wollte gerade alles auffressen, als mir ein Gedanke kam. Brandon bringt mir immer Futter, wenn ich Hunger habe. Wenn ich sein Essen fresse, dann wird er Hunger haben.

"I'm coming, Brandon!"
I howled.

He and his dad were way down
the street. I ran after them with
the brown bag in my mouth.

As I was passing an alleyway, I saw a cat. I hate cats! I forgot about my mission and dropped the bag.

Als ich an einer Gasse vorbeikam, sah ich eine Katze. Ich hasse Katzen! Ich vergaß meine Mission und ließ die Tüte fallen.

"Bark, get out of here, cat!" I barked.

„Wuff, verschwinde von hier, Katze!", bellte ich.

Then I remembered Brandon's lunch. He was going to be hungry if I didn't bring him his lunch!

Dann erinnerte ich mich an Brandons Mittagessen. Er würde Hunger haben, wenn ich ihm nicht sein Mittagessen brachte!

It was hard, but I forgot about the cat. I picked up the brown bag again and started running.

Es war schwer, aber ich vergaß die Katze. Ich hob die braune Tüte wieder auf und rannte los.

Further down the street, I stopped again.
A butcher shop!

*Ein Stück weiter die Straße hinunter hielt
ich erneut an. Eine Metzgerei!*

There were pieces of meat and sausages
hanging everywhere. Mmmmm...

*Da hingen überall Fleischstücke und
Würstchen. Mmmmmh...*

Wait! I had to bring Brandon his lunch or he
was going to be hungry!

*Halt! Ich musste
Brandon sein Mittagessen
bringen oder er würde
Hunger bekommen!*

It was hard, but I forgot about the meat. I grabbed the lunch and started running again

Es war schwer, aber ich vergaß das Fleisch. Ich schnappte mir das Mittagessen und rannte wieder los.

I turned a corner and stopped. There was another dog wagging his tail.

Ich bog um eine Ecke und hielt an. Da war ein anderer Hund, der mit seinem Schwanz wedelte.

"Hi, want to play?" he woofed.

„Hallo, möchtest du spielen?", bellte er.

"I sure do!" I answered. "Oh, wait, I can't right now. I have to bring Brandon his lunch."

„Klar möchte ich!", antwortete ich. „Aber warte, ich kann gerade nicht. Ich muss Brandon sein Mittagessen bringen."

Brandon

It was hard, but I forgot about playing.
I grabbed the lunch and started
running again.

*Es war schwer, aber ich
vergaß das Spielen.
Ich schnappte mir
das Essen und
rannte wieder los.*

I could see the school—and there was Brandon
with his dad! I ran as fast as I could.

*Ich konnte die Schule sehen - und da war Brandon
mit seinem Papa! Ich rannte, so schnell ich
konnte.*

Stopping in front of Brandon, I dropped his lunch
bag on the sidewalk. Just in time!

*Ich blieb vor Brandon stehen und ließ sein
Mittagessen auf den Gehweg
fallen. Gerade
rechtzeitig!*

Brandon

"Look, Dad, he brought my lunch!" exclaimed Brandon.

„Schau mal, Papa, er hat mir mein Mittagessen gebracht!", rief Brandon.

"Wow, he sure did. That's amazing!" said his dad. They both patted me on the head.

„Toll, das hat er wirklich. Das ist erstaunlich!", sagte sein Papa. Beide streichelten meinen Kopf.

Brandon was happy and so was his dad.

Brandon war glücklich und sein Papa auch.

In fact, his dad was so happy that he brought me home. He gave me a bath. He gave me food!

Sein Papa war sogar so glücklich, dass er mich mit nach Hause nahm. Er badete mich. Er gab mir Futter!

Now when Brandon and his dad go walking, I get to walk with them. And when they go home, I get to go home with them!

Wenn Brandon und sein Papa nun spazieren gehen, darf ich mit ihnen spazieren gehen. Und wenn sie nach Hause gehen, darf ich mit ihnen nach Hause gehen!

I love my new home and my new family!

Ich liebe mein neues Zuhause und meine neue Familie!